Sobre

amigos

e **cães**...

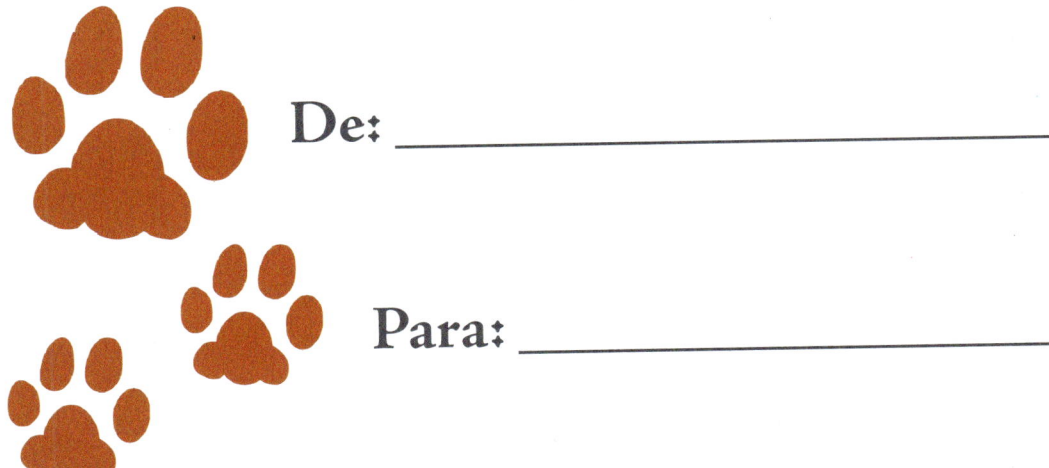

2008, Editora Fundamento Ltda.

Editor e edição de texto: Editora Fundamento Ltda.
Capa e editoração eletrônica: Clã Design Ltda.
CTP e impressão: Sociedade Vicente Pallotti

Dados Internacionais de Catalogação na Publicação (CIP)
(Câmara Brasileira do Livro, SP, Brasil)

Ariello, Fabiane
Sobre amigos e cães / Fabiane Ariello. -- São Paulo, SP : Editora Fundamento Educacional, 2008.

1. Animais - Aspectos simbólicos 2. Animais - Hábitos e comportamento 3. Cães - Hábitos e comportamento 4. Conduta de vida 5. Relações homem-animal 6. Relações interpessoais 7. Sabedoria I. Título.

07-7505   CDD-158

Índices para catálogo sistemático:

1. Cães e homens: Ligação: Psicologia aplicada
 158
2. Homens e cães: Ligação: Psicologia aplicada
 158

Fundação Biblioteca Nacional

Depósito legal na Biblioteca Nacional, conforme Decreto nº 1.825, de dezembro de 1907. Todos os direitos rservados no Brasil por Editora Fundamento Educacional Ltda.

Impresso no Brasil

Telefone: (41) 3015 9700
E-mail: info@editorafundamento.com.br
Site: www.editorafundamento.com.br

O meu melhor amigo...

é um **verdadeiro**

cachorrão!

Mas não porque

faz safadezas e traz

desonestidade ou decepção.

O que ele me oferece

é **amizade,**

lealdade e compaixão.

Meu amigo é mais que

um grande homem...

é mais que um **irmão.**

Ele está sempre por

perto quando preciso

de **atenção.**

E entende quando

o afasto dizendo

"agora não!"

Mas nunca deixa

de voltar quando

peço **perdão.**

Companheiro mais **fiel**

que o meu amigo

não existe, não.

Ele permanece ao meu lado

e sempre me

dá uma mão.

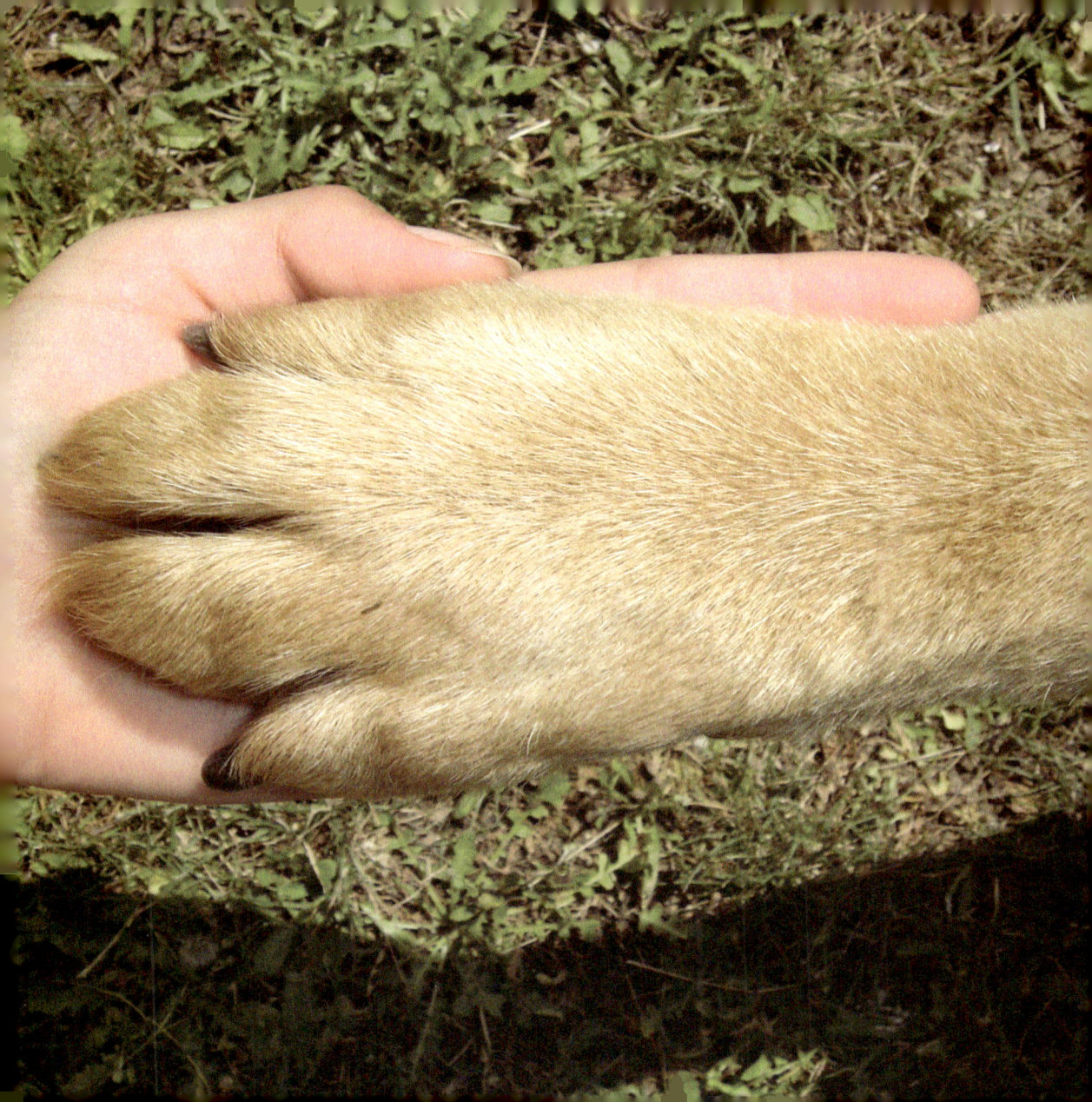

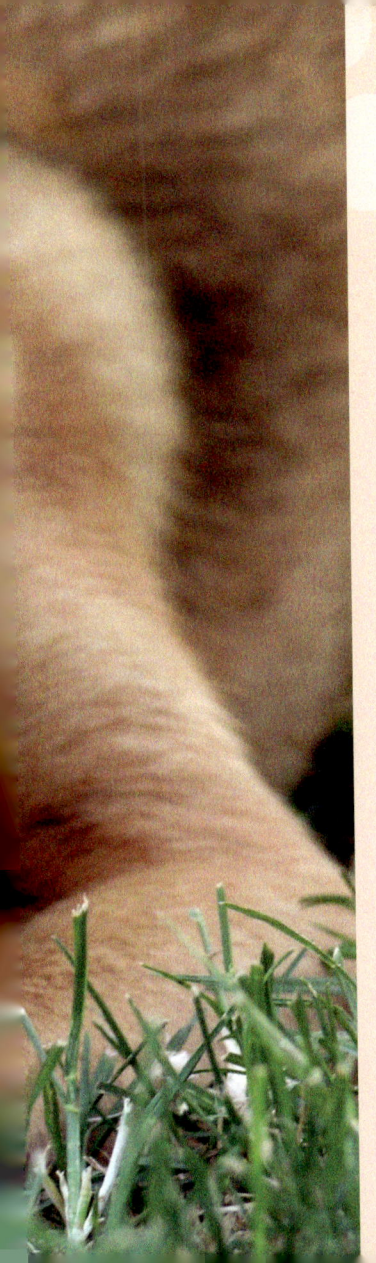

Defende com unhas

e dentes as idéias que

tocam meu **coração.**

Não é partidário de mentiras

e não aceita traição.

Meu amigo procura ser

amigo de todos...

sem arranjar confusão.

Ele realmente se destaca

na **multidão!**

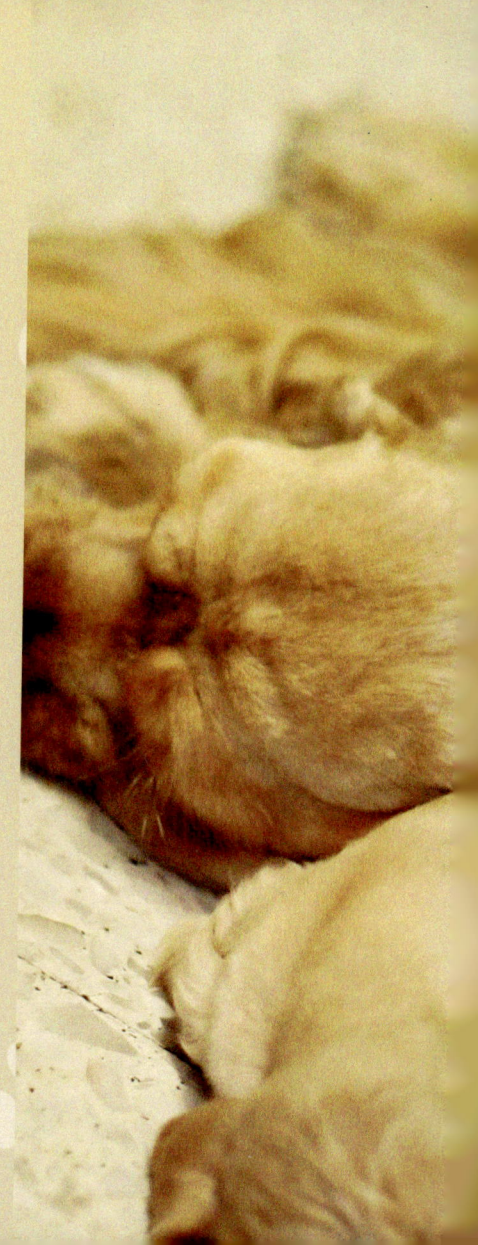

Se estou com fome,

ele **divide** a refeição.

Meu amigo vale mais que
    todas as fortunas,
jóias e um carrão.

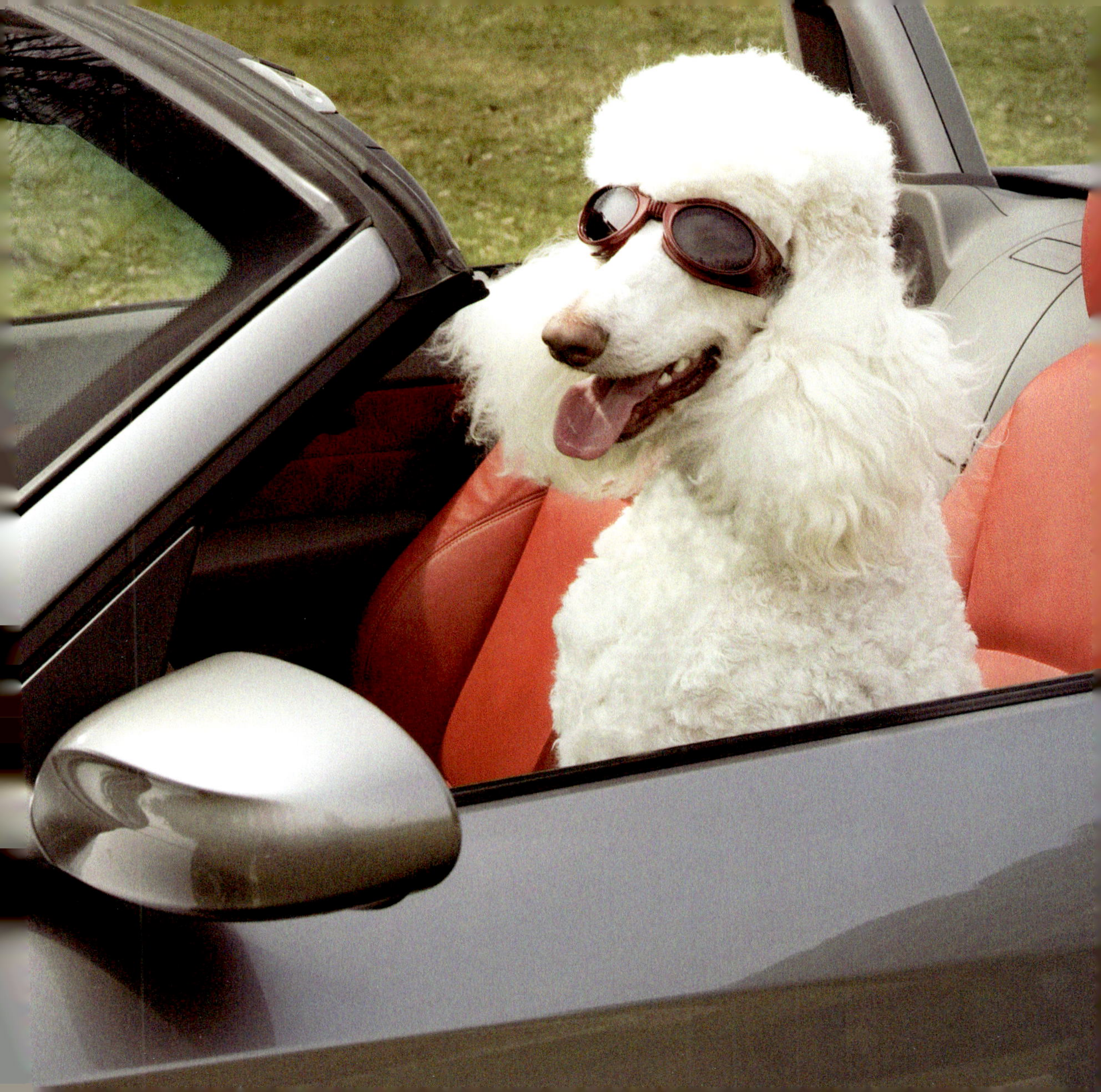

Porque o que importa

de verdade nele

é o valor de seu **coração**.

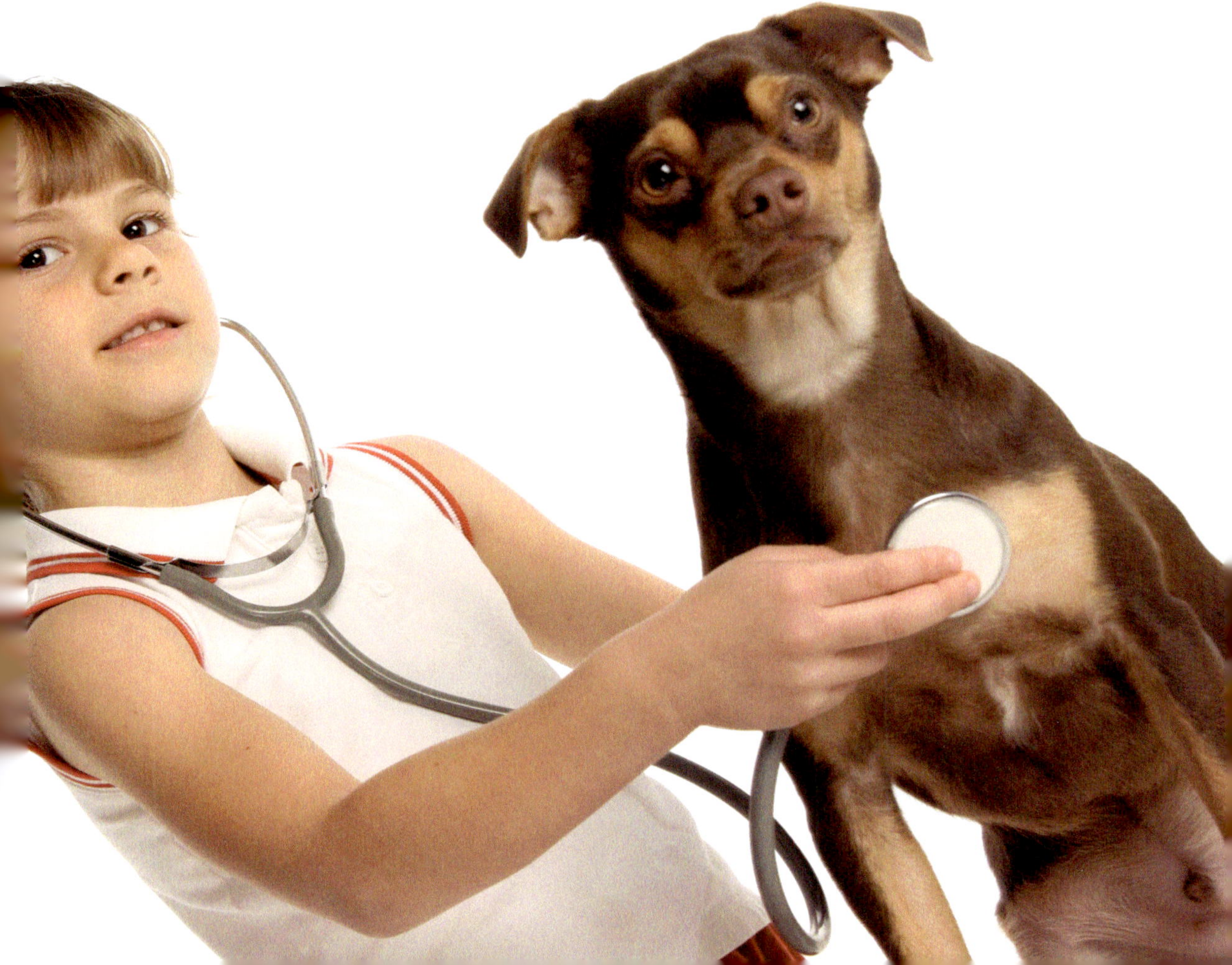

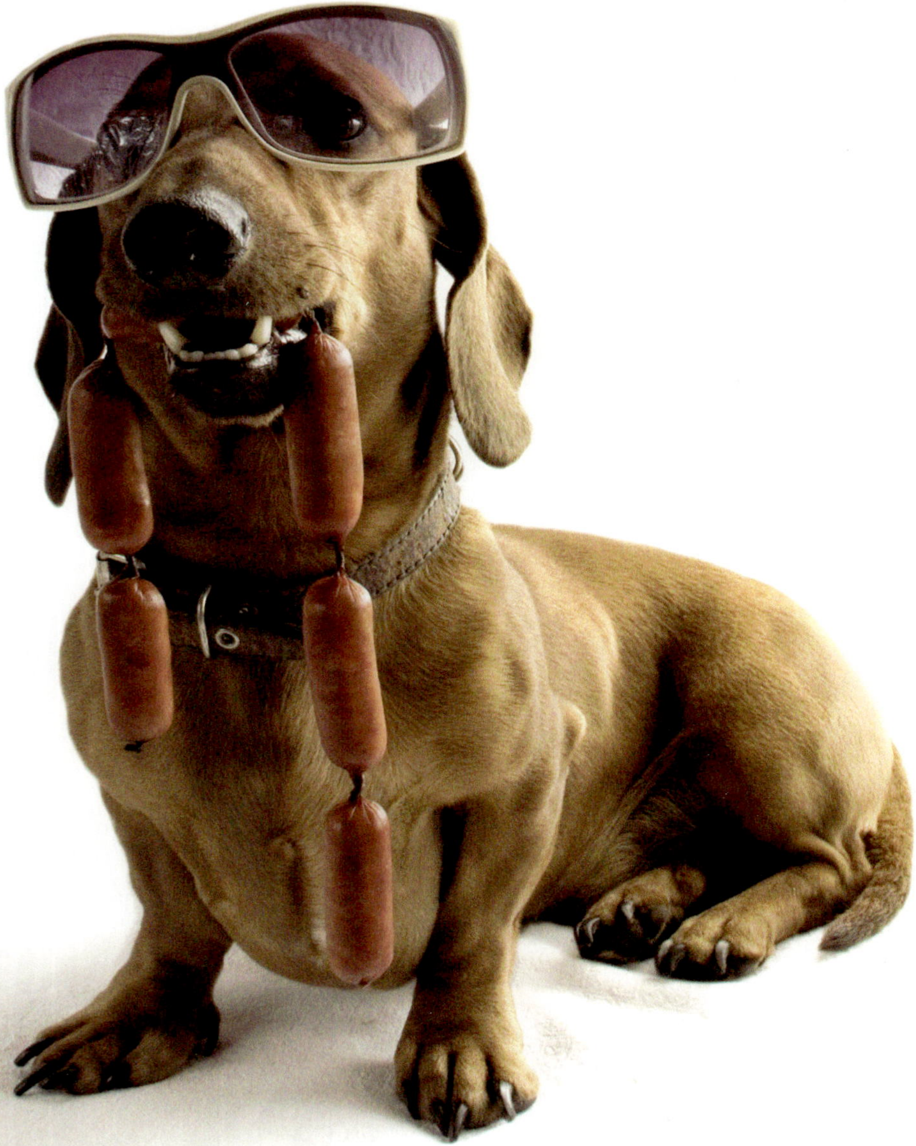

Meu amigo é **único,**

não tem comparação.

Ele é um verdadeiro

campeão!

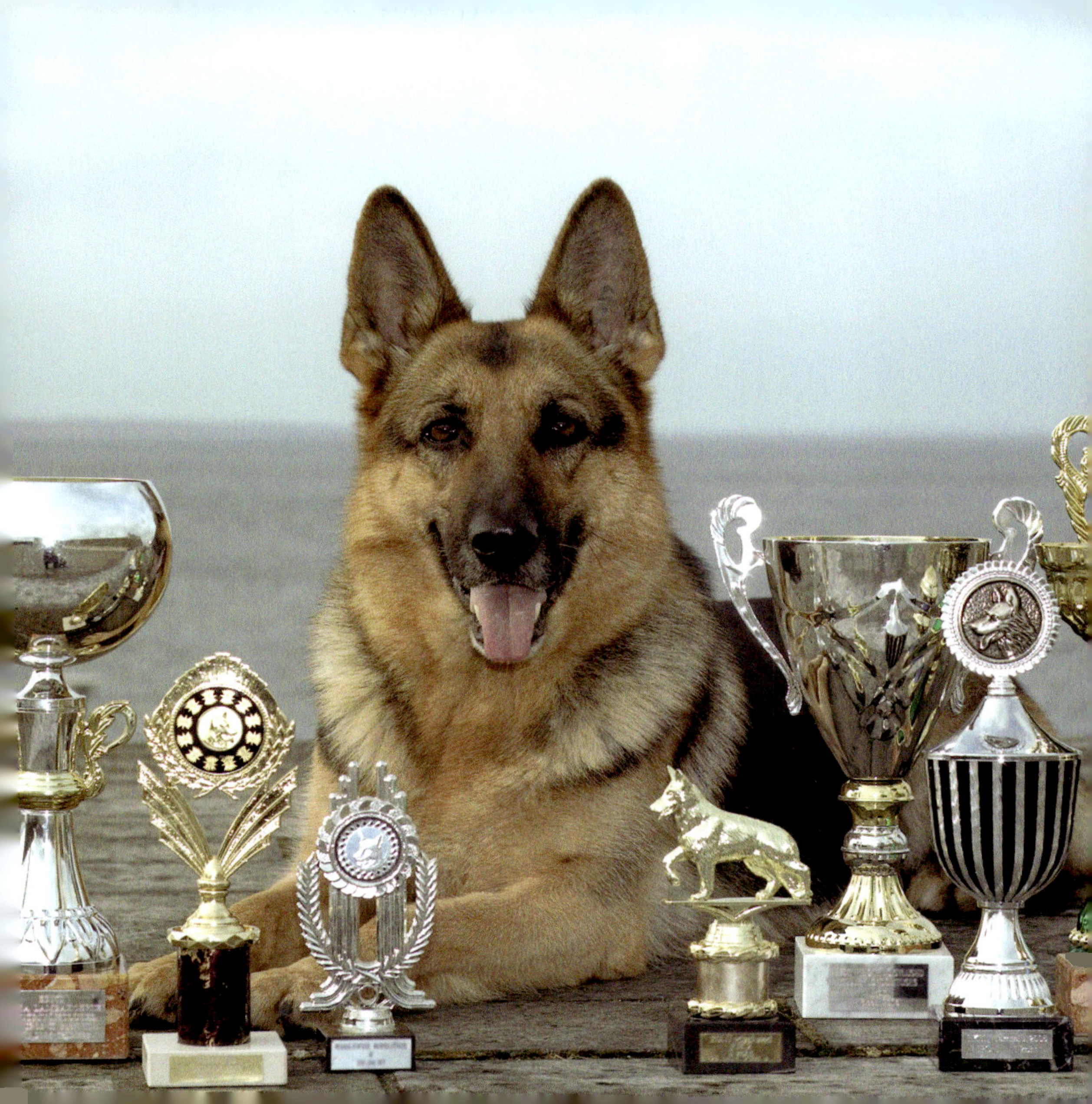

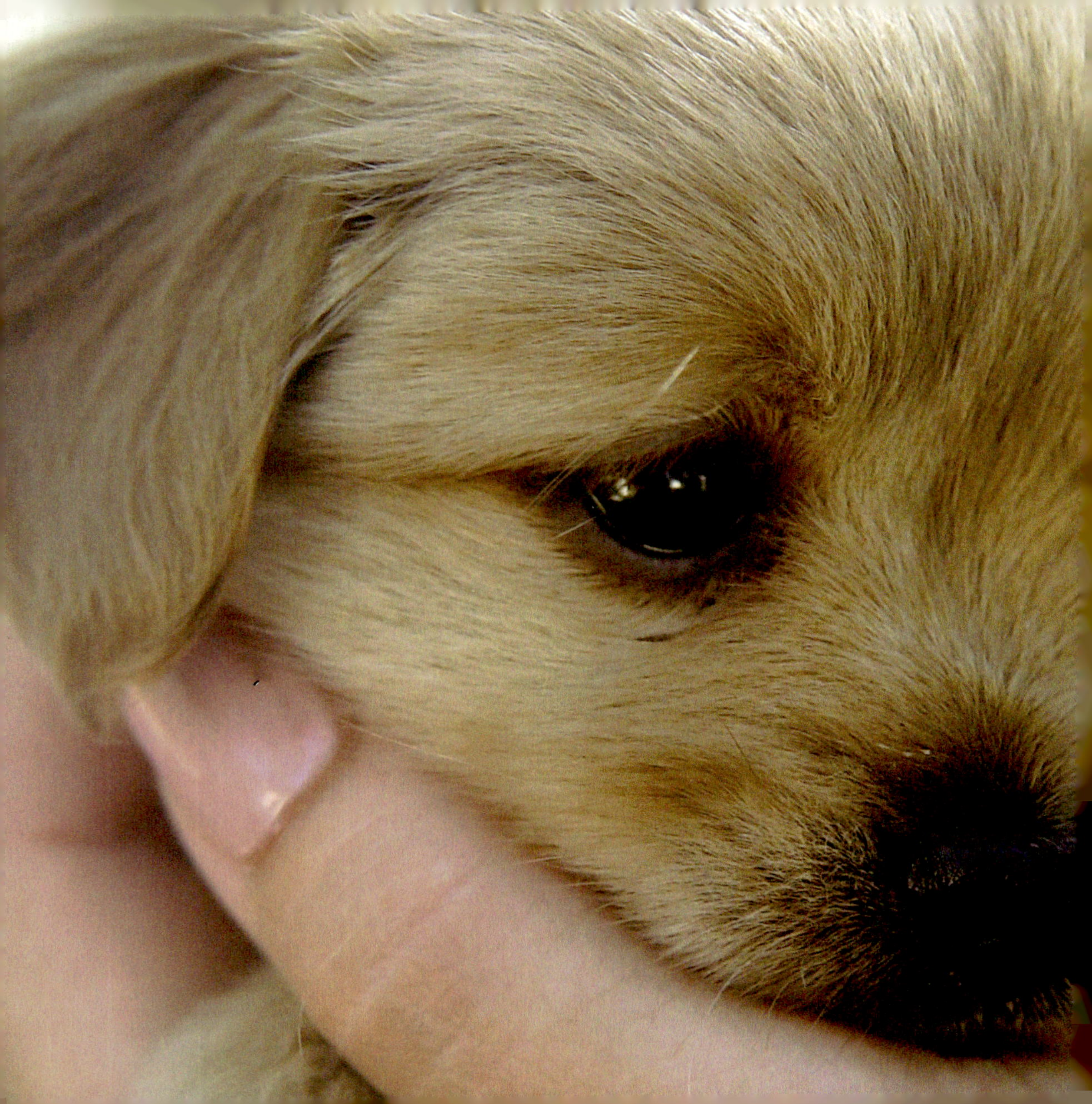

Com ele, tudo é alegria,

respeito

e compreensão.

É gentileza,

amizade

e diversão.

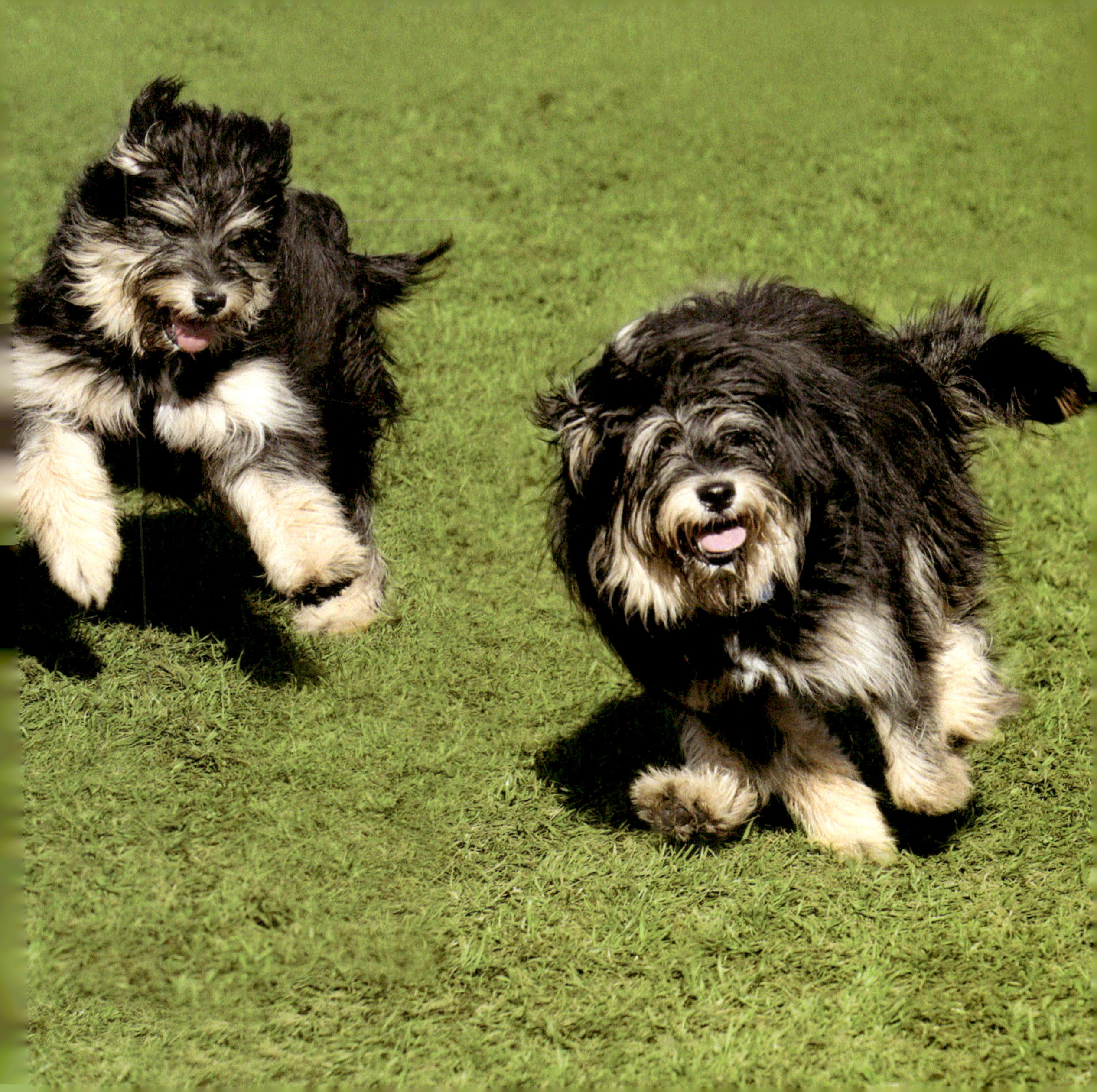

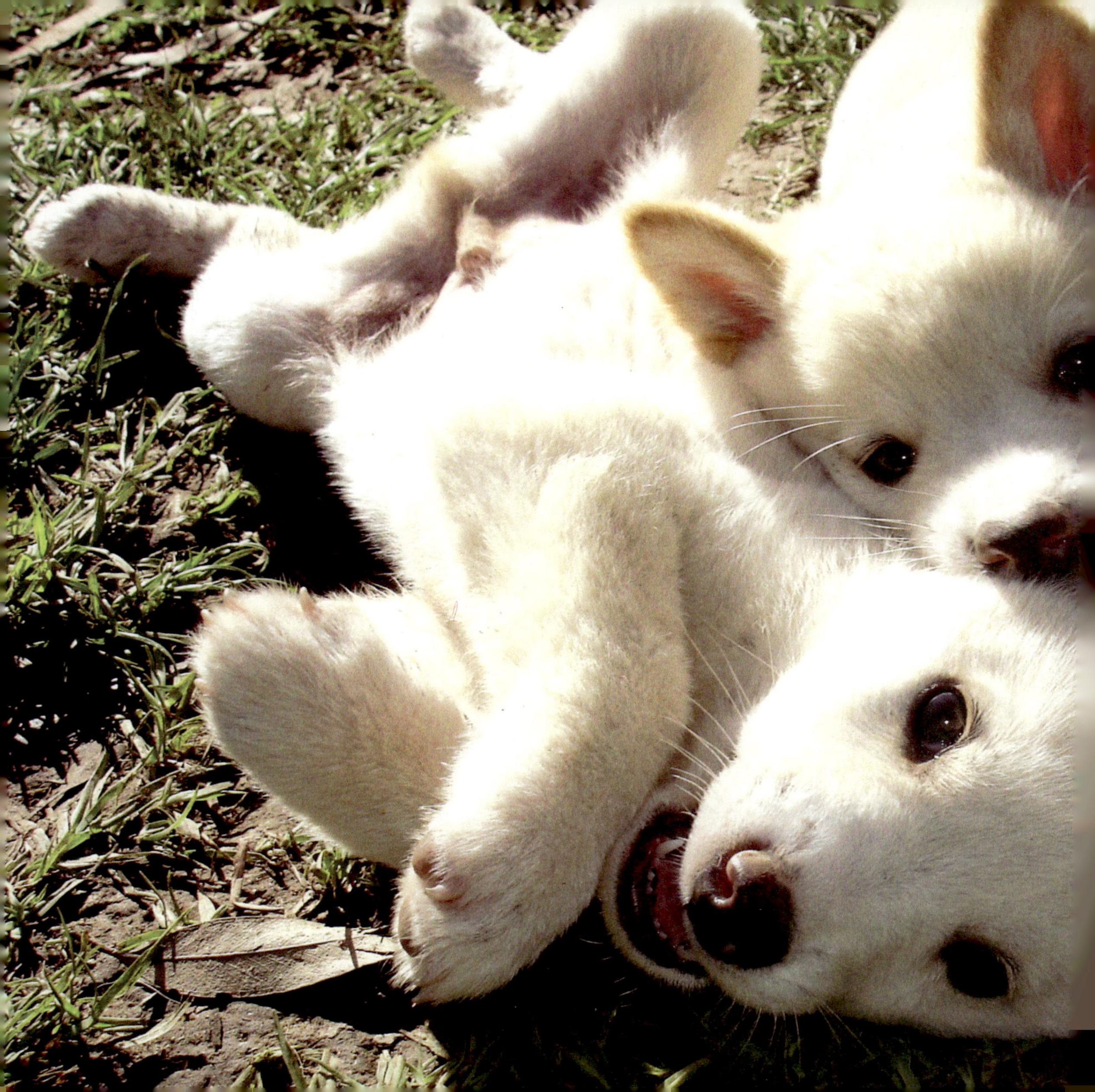

É lealdade,

felicidade

e **emoção.**

Não há ninguém

tão **especial** quanto

o meu amigão!

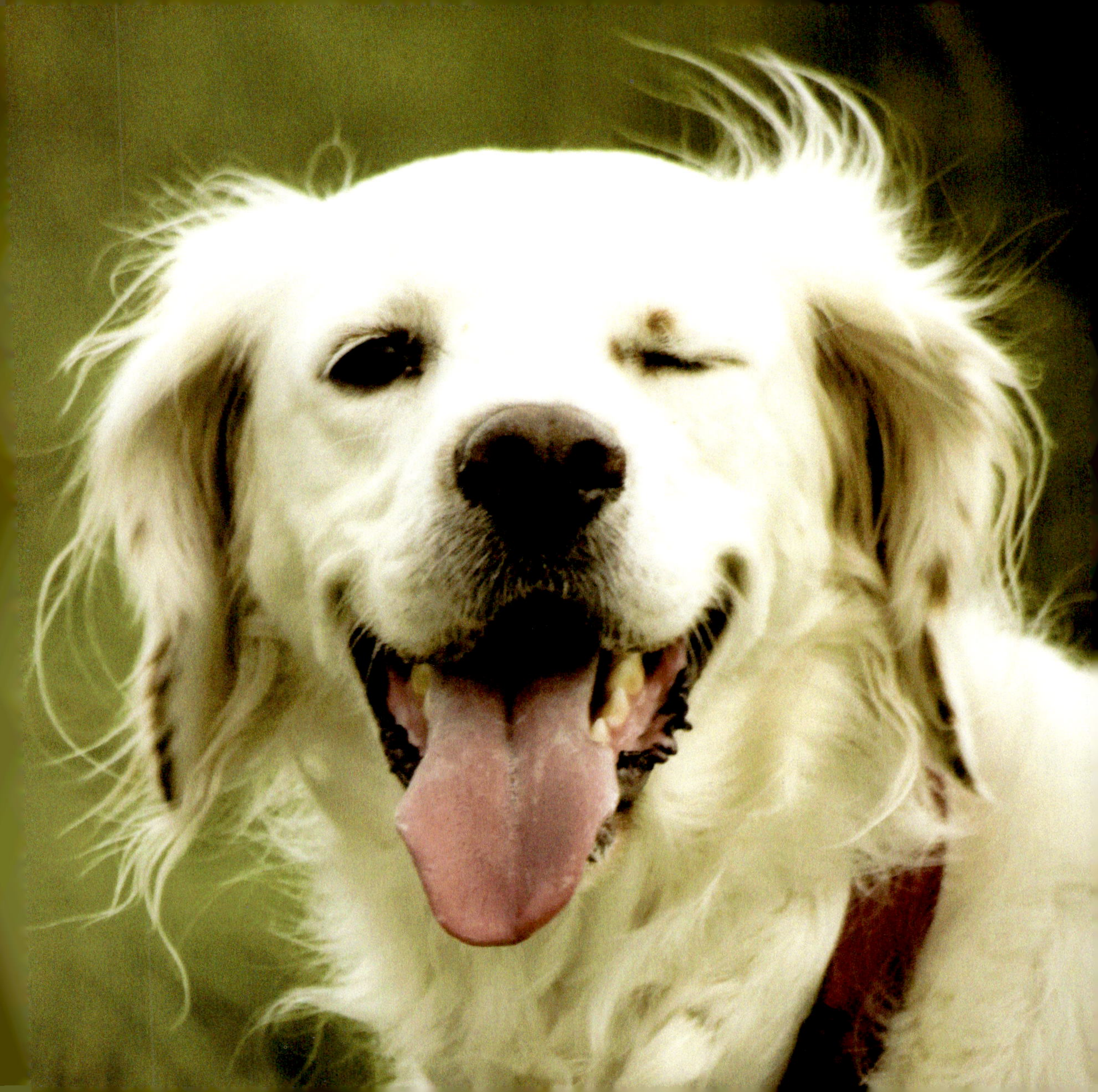

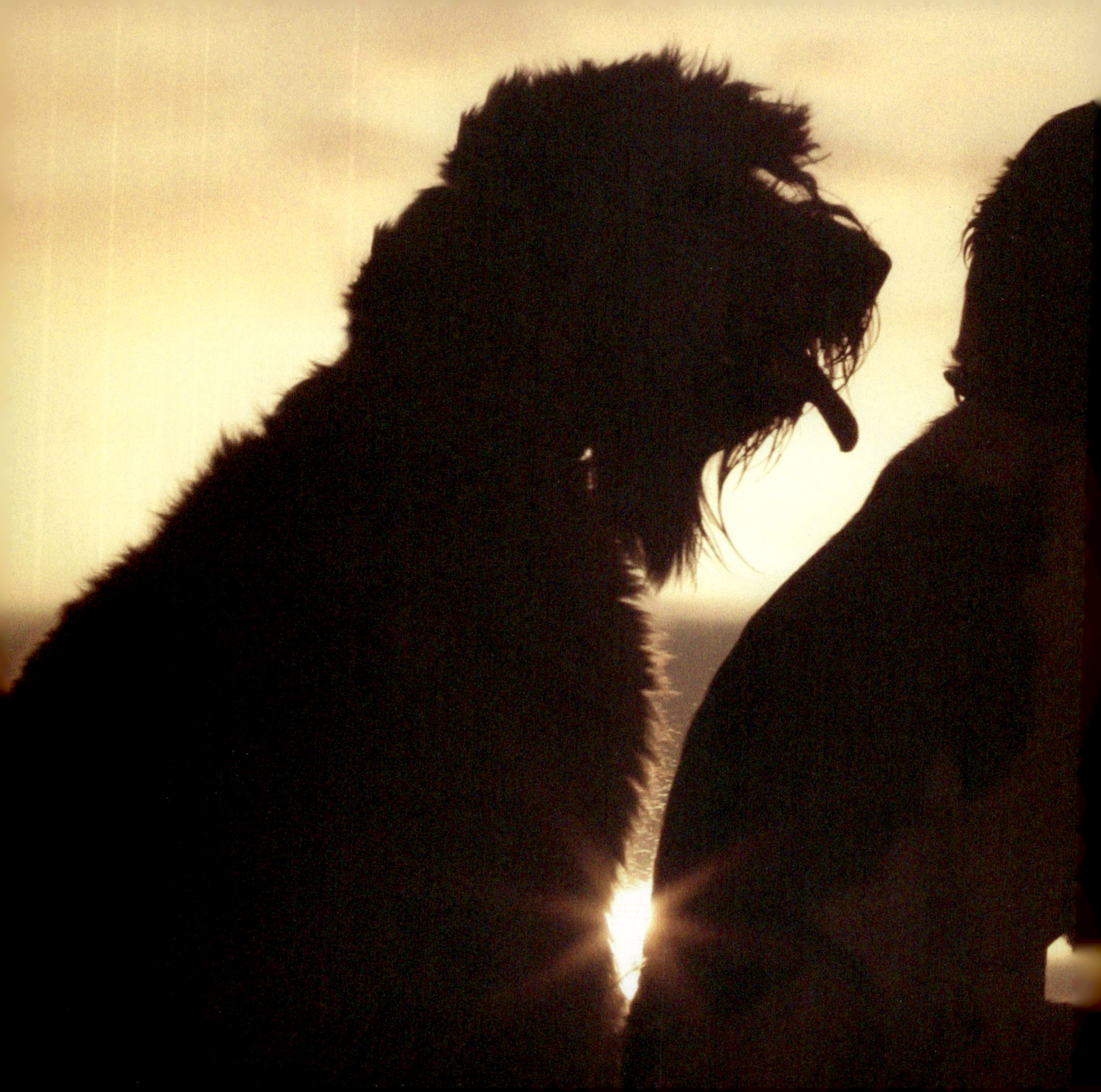

Obrigado por ser meu amigo,

meu **parceiro**...

meu irmão.

Conheça também outros

PARABÉNS PELA FORMATURA!

O dia da formatura é uma celebração que marca o fim de um período de nossas vidas e o início de outro, repleto de sucesso e ainda mais conquistas.

O livro *Parabéns pela Formatura!* marca esse momento com uma mensagem de esperança e orgulho por essa grande vitória. Um presente especial para quem está prestes a entrar numa nova fase da vida.

www.editorafundamento.com.br | Atendimento: (41) 3015-9700

livros da Fundamento

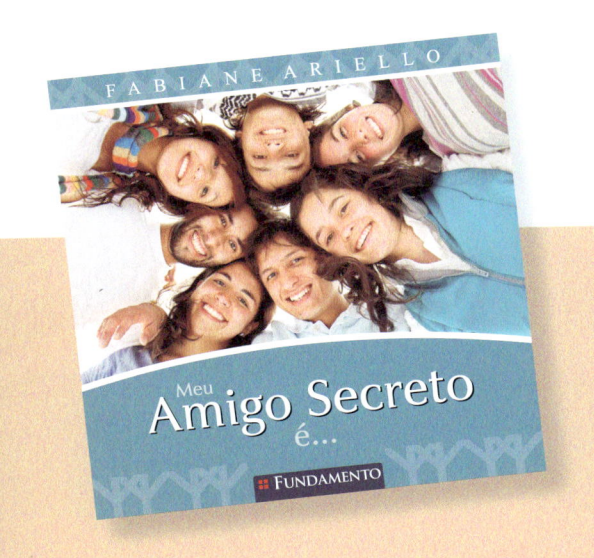

MEU AMIGO SECRETO É...

Meu amigo secreto é um livro divertido, perfeito para presentear os amigos com carinho nas festas de fim de ano.

Uma declaração de amizade e de companheirismo, ilustrada com belas imagens, que promete agradar a todos.